Gerhard A. Spiller

Impressionen des Seins

Gerhard A. Spiller wurde 1964 im niedersächsischen Ölsburg geboren. Seit Beendigung seines Studiums der Verwaltungswissenschaft in Konstanz am Bodensee arbeitet er als Beamter in einer niedersächsischen Kommunalverwaltung. Er ist Mitglied der Deutschen Haiku-Gesellschaft, der Gesellschaft für zeitgenössische Lyrik, der Schlaraffia Peine und des Literaturzirkels Peine.

Besuchen sie ihn auf www.gerhard-spiller.de

Gerhard A. Spiller

Impressionen des Seins

Lyrische Daseinsbetrachtungen

© 2020 Gerhard A. Spiller

Herstellung und Verlag: BoD – Books on Demand, Nor-
derstedt

Printed in Germany

ISBN 978-3-7519-8009-8

Glossar

Chōka: Hierbei handelt es sich um eine sieben-
zeilige Gedichtform aus Japan, bei der
die Verse aus fünf oder sieben Mooren
bestehen. Der Aufbau des Chōka folgt
dem Schema 5-7-5-7-5-7-7.

Haibun: Eine von subjektiven Eindrücken durch-
zogene Skizze, an deren Ende ein meist
zusammenfassendes Haiku steht.

Haiku: Kurzgedicht mit siebzehn Silben, die mit
der Folge 5-7-5 auf drei Zeilen verteilt
werden. Ursprünglich ein reines Naturge-
dicht, hat es heute oftmals auch Persön-
liches oder Emotionales als Thema.

Lyrik: Texte in Versform mit einem Versmaß,
einer Kadenz am Zeilenende und einem
Reim.

Lyrik, freie: Texte, die sich an keine Regel der
Lyrik halten, also weder ein Versmaß
noch eine Kadenz oder einen Reim bein-
halten müssen. Auch können die einzel-

nen Zeilen unterschiedlich lang sein. Bei vielen Autoren hat auch die Groß- und Kleinschreibung oder das Setzen von Satzzeichen keine Bedeutung.

More/n: Sprechzeit. Nachdem lange Zeit eine More mit ein er Silbe gleichgesetzt wurde, wird die More heute höher bewertet. Gleichwohl zeigen Untersuchungen, dass die Abweichungen minimal sind.

Trilogie: Ein inhaltlich zusammengehöriges Werk aus drei Teilen.

Tetralogie: Ein inhaltlich zusammengehöriges Werk aus vier Teilen.

Pentalogie: Ein inhaltlich zusammengehöriges Werk aus fünf Teilen.

Impressionen des Seins

Eine Liebe und ihr Ende

Du tratest vor mich wie ein himmlisch' Kind,
geschaffen von des Himmels Herrlichkeit,
du warst schön anzuschaun, dazu gescheit,
drum wurde ich sogleich vor Liebe blind.

Ich gestand meine Liebe dir geschwind
und wir hatten eine herrliche Zeit,
vergaßen die Welt mit all ihrem Leid,
wurden umweht vom Liebestaumel lind.

Ich strich lockend über dein langes Haar,
gab schöne Komplimente ohne Zahl,
und die Liebe kannte schier kein Ende.

Man sagte, wir seien ein schönes Paar,
doch irgendwann wurde die Liebe schal,
das Schicksal nahm eine schlimme Wende.

***

Die wilde Natur

Wer stoppt der wilden Wellen Gang,

hält auf des Wassers Massen?

Eben war alles noch blau und still,

doch plötzlich die Elemente toben.

Schon versinkt Samar im Wasser,

nimmt die Zerstörung ihren Lauf,

keiner kann das Unheil stoppen,

niemand hat die Macht dazu.

Wenn sich das Wasser zurück dann zieht,

sieht man Zerstörung, Tod und Leid,

zerstörte Träume, verstörte Kinderseelen.

Ja, des Menschen Welt ist sehr zerbrechlich.

Und wenn sich hat gelegt der Schock,

bahnt sich Weg die große Wut,

denn einer muss gar schuldig sein,

muss auf sich nehmen all die Wut.

Doch wofür soll er schuldig sein?
Für der Elemente unbändig Rasen,
für des Wassers große Mordlust,
für der Erde große Zerstörungswut?

Es ist Natur, das ist ihr Wesen,
sich friedlich gebend, mordend nehmend,
so wie des Menschen täglich Handeln
- vielleicht, weil wir ein Teil von ihr?

***

Das Sein

Das Sein
ist rein,
gar fein
wie Wein,
mal Pein
- und mein.

***

Ode an eine Unbekannte

Es ist ein strahlend schöner Tag,
vom Himmel lacht die Sonne,
Tage wie diesen ein jeder mag,
sie sind der Seele Wonne.

Drum zieht es mich in der Menschen Menge
in den Biergarten hier gleich ums Eck,
wo man sich labt in großer Enge,
vor der Sonne gibt's kein besseres Versteck.

Viele Menschen kommen und gehen,
es herrscht ein groß' Gedränge,
doch plötzlich sehe ich sie stehen,
gleich neben einem Zeltgestänge.

Meine Blicke zieht sie magisch an,
es scheint, als sei sie einfach vollkommen
wie es nur ein Engel sein kann,
der doppelte Schönheit hat genommen.

Das Gesicht ist lieblich und rein,

die Züge erhaben und mild,

wie bei Aphrodite aus Stein,

auf meinem Urlaubsbild.

Die Augen sind so wunderbar,

man glaubt, in ihnen zu versinken,

forschend, wach und doch so klar,

mich dünkt, ich werd darin ertrinken.

Ihre Lippen sind von vollendeter Form,

haben als Farbe der Kirschen schönstes Rot,

als entstamme alles der göttlichen Norm,

ist's herrlich und in der Schönheit Lot.

Ihr Haar ist lang, von herrlichem Blond,

ein herrlich' Spielzeug für den Wind,

sie bändigt es mit einem Band gekonnt,

anmutig und doch sehr geschwind.

Auch ihr Körper ist vollkommen,
entstiegen einem Männertraum,
und, fürwahr, ganz unbenommen,
gibt der Schwärmerei er Raum.

Dazu ihr Lachen, so glockenhell,
unbeschwert, voll Frohsinn und auch Übermut,
es scheint, als sei es der Stimmung Quell',
so etwas ist selten und tut doch so gut.

Anmutig wie eine junge Gazelle bewegt sie sich,
der kurze Rocksaum zeigt wohlgeformte Beine,
mein liebesleeres Herz bekommt einen Stich,
und hofft, du könntest werden die meine.

Fürwahr, es ist um mich vollends geschehen,
ich begehre dich, auch wenn mir unbekannt dein
                                        Name,
ich bin blind, außer dir kann nichts sehen,
bin dir verfallen, das ist der Liebe reiner Samen.

Ich merke, wie auf mir ruht dein Auge,

sogleich sich stellt die bange Frage:

Was, wenn ich für dich nichts tauge?

Dann schwindet die Hoffnung auf traute Tage.

Doch voll Freude nehme ich wahr,

dass die Kirschen an Deinen Äpfeln erblühn,

dies Zeichen versteh ich, es ist so klar,

dass ich mich zu Träumen kann erkühn.

In Gedanken sehe ich mich schon kosen,

die Paradiesäpfel, die köstlich Frucht des Wei-,

bes,

schon höre ich des Blutes Rauschen und Tosen,

und vermein zu spüren die Wärme des weibli-

chen Leibes.

Wie sehne ich mich nach deinem Heiligtum,

möchte es betreten mit meiner Liebeswaffe,

auf das sich vereinige dein Nektar und mein

Ambrosium,

in der von der Natur geschaffenen Karaffe.

Der Pfeil der Liebe hat mich getroffen,

schon zieht ein Magnet mich zu dir hin,

getrieben zugleich von Bangen und Hoffen,

dass du hast das Gleiche im Sinn.

Doch, o weh!, mich dünkt, du rüstest dich zum
Gehen,
vielleicht ich hätte früher meinen Vorstoß sollen
wagen?
Nun ist's zu spät, ich werd' dich nicht wiederse-
hen,
muss für den Rest meines Lebens dir entsagen.

So lebe denn wohl, du schöne Unbekannte,

nachdem ich hab vertan die große Chance,

anzubandeln mit der Aphrodite Anverwandte,

vielleicht gibt das Schicksal mir Revanche!?

***

Liebe ist kein Ruhekissen

Uns verbindet eine wahre Liebe,
nicht etwa nur die recht schnöden Triebe,
dennoch wir haben das sichre Wissen,
das die Liebe ist kein Ruhekissen,
denn stets neu man sie sich verdienen muss,
wofür schon manchmal reicht ein innig' Kuss.

Doch an manchen Tagen muss mehr es sein,
wenn der andere glaubt zu stehen allein,
verzweifelt an seiner ganzen Umwelt,
sich fühlt ungeliebt in die Welt gestellt,
dann muss man recht wacker zu ihm halten,
damit die Liebe nicht tut erkalten.

Ja, die Liebe ist gar sehr zerbrechlich,
drum ich freue über jeden Tag mich
an dem du nimmst mich in deine Arme,

mir versicherst, ich sei dein einzig' Schwarm,

dann ich fühle mich wahrlich geborgen,

weiß, die Liebe lebt am nächsten Morgen.

***

Vorsorgeuntersuchung

(Haiku-Tetralogie)

1.

Im Wartezimmer,

ringsherum kranke Menschen.

Getrübte Stimmung.

2

Endlich mein Aufruf!

Helles Behandlungszimmer,

bange Erwartung.

3

Alles ausgeführt,

für heute bin ich fertig.

Rasches Ankleiden.

4

Ein neuer Termin

Zur Ergebnisbesprechung.

Das Warten beginnt…

***

Ein mit Moos bewachsener Baumstamm

Die Sonne schien herab vom Himmelszelt,
der Zephir strich mir ums Haupt,
da beschloss ich zu besuchen
den kleinen Wald, den ruhigen Ort.

Schon bald empfing mich Waldesstille,
durchbrochen von der Vögel Sang,
und durch die dichten Baumeswipfel
erschien der Sonne Strahl wie Gold.

Doch sie erreicht nicht alle Stellen,
so mancher Winkel wird verhüllt
von dichtem Laub und Busches Werk
und ruht in tiefem Schatten da.

Doch an einer kleinen Stelle
siegte doch der Sonne Macht,
sie schien herab auf einen Stamm,
der sterbend auf dem Boden lag.

Doch die Natur ist wunderbar,
kein Tod ist ohne Zweck und Sinn,
und so ist der verrottend' Stamm
die Basis neuen Lebens.

Wie lang mag er schon liegen hier?
Mich dünkt, er starb vor langer Zeit,
denn grünes Moos allüberall
bedeckt schon seinen Stamm.

Herrlich schimmert das sanfte Grün
an diesem Tag im Sonnenlicht,
ummalet von des Waldes Lauten
ruht des Baumes Stamm in Frieden.

Lange steh' ich vor dem Stamm,
knie nieder, um von nah zu schaun,
erstarr in Ehrfurcht vor der Natur,
die grausam' schöne Bilder schafft.

Tod und Leben, vereint als Paar
liegt in des Waldes Mitte hier,
traumhaft schön, ein herrlich' Bild
und doch zugleich auch grausam.

Das Malerische erfreut mein Herz,
des Baumes Tod ist nicht vergebens,
und so ich wende mich ab und gehe
voller Ehrfurcht vor der Natur.

***

Der Lenzmond

Der Lenzmond ist da,
streift mit sanfter Hand das Land,
sät aus die Liebe
in den Köpfen der Menschen
wie auch den Herzen,
lässt sie pochen vor Begehr,
als ein inniges Gefühl.

***

Flüchtige Begegnung

Die Nacht in dieser Stadt ist laut und hell und
klar,
die Menschen wollen Spaß, es wird getanzt, ge-
lacht,
doch dazu fehlt mir die Kraft, in mir herrscht tiefe
Nacht.
Das Lachen hör ich wohl, und denk an das, was
war.

Mein Herz ist voller Schmerz, das Leben öd und
leer,
die Liebst fort von mir, ein Brief nur blieb zurück.
Es nagt an mir der Gram, denn fern ist neues
Glück.
Verzweiflung plagt mich stark, die Einsamkeit
wiegt schwer.

Dann seh ich sie von ferne, der Wind umstreicht
ihr Haar,
es scheint als sei sie du, so völlig unbeschwert.
Mein Herz springt auf vor Glück, mein Blick wird
ganz verklärt,
schon träume ich von uns als neu liiertem Paar.

Dann ist sie neben mir, es ist, als stockt mein
Herz,
doch schnell ist sie vorbei, sie hat mich nicht ge-
sehn!
Vertan ist meine Chance, bekümmert bleib ich
stehn,
es bleibt die Einsamkeit, es kehrt zurück der
Schmerz.

***

Einsamkeit

Nun beginnt ein neues Jahr,
doch nehm ich es nicht wirklich wahr,
denn schon seit einer langen Zeit
fühlt meine Seel' nur Einsamkeit.

Wie schön war einst mein ganzes Leben,
als ich nach deiner Gunst tat streben,
und um wie viel schöner war es dann,
als auch traf dich der Liebe Bann.

Doch währte kurz nur unser Glück,
denn du gingst fort, ich blieb zurück,
und nach Ablauf von viel' Wochen
der Liebe Bann war entzwei gebrochen.

Nun geh ich einsam durch die Nacht,
traure nach unserer Liebe Macht,
beachte nicht des Feuerwerks Farben,
sondern tu in Erinnerung darben.

Drum ich bleib in dieser Nacht allein,

will nicht inmitten Menschen sein,

denn so gibt's niemanden der lacht,

wenn Tränen rollen in der Silvesternacht.

***

Winter 1: Vogelfütterung

Es muss gefüttert werden
der Vögel hungrig Schar,
denn stark der Frost behindert
das Scharren dort im Boden.

Ich werd' mich gleich drum kümmern,
griffbereit das Futter liegt schon,
es muss nur in das Vogelhäuschen
noch umgefüllet werden.

Danach beginnt das Treiben
der hungrig' Vogelschar,
sie fressen und sie zwitschern,
dazu sie manchmal balgen sich.

Herrlich ist es anzuschaun
der Vögel wild Spektakel,
doch was für Menschen ist ein Spaß,
todernst ist's für die Vögel.

Drum lachet nicht, ihr Menschen,
tut leiden mit den Vögeln,
und seid nur gern barmherzig
zu füttern diese hungrig Schar!

***

Am Rande eines Fußballspiels

Langsam näherte ich mich dem Stadion. Die Partie an diesem Tag versprach viel Spannung und tollen Fußball. Unterwegs bemerkte ich die vielen Polizisten am Straßenrand, die plötzlich von großer Hektik ergriffen wurden. Während ich dem Strom der friedlichen Fußballfreunde weiter folgte, verlor ich die Polizisten rasch aus den Augen. Während des gesamten Spiels und selbst auf dem Heimweg verschwendete ich keinen Gedanken daran, warum sie plötzlich in Eile waren. Erst die Abendnachrichten brachten es an den Tag: Angebliche Fußballfans hatten sich schon vor Spielbeginn geprügelt und die Polizisten mussten eingreifen, wodurch sie selber zum Ziel wurden. Aber um was ging es eigentlich, war nur die unterschiedliche Farbe der Fanschals der Auslöser? Oder sind Teile dieser Gesellschaft so aggressiv, dass ihnen jede Ausrede recht ist, um zuschlagen zu können? Die dabei angewendete und in den Nachrichten nur ansatzweise gezeigte Brutalität

ist erschreckend! Arme Polizisten, die an jedem
Fußballwochenende ausrücken müssen...

Skandal beim Fußballspiel,
Prügelei vor dem Anpfiff
- was soll der Sinn sein?

***

Lobgesang an eine Frau

Du wunderbare,
beinah göttlich Wirkende,
wie bin ich entrückt
von deinem ganzen Wesen,
das mich schmelzen lässt,
als sei ich ein Eiswürfel
unter glühender Sonne.

***

Augenblick der Sorglosigkeit

Spielende Schwalben
vor des Himmels Morgenrot
bescheren Freude
dem frühen Spaziergänger
am Waldesrande,
entheben ihn der Sorgen
für einen kleinen Moment.

***

Die Macht der Liebe

Seit dem Beginn der Menschheit
streiten sich die Religionen,
führen schrecklich blut'ge Kriege
im Namen irgendeines Gottes.

Dabei wir haben einen Gott
der tief in unsrer Seele steckt,
der Macht über die Körper hat
und uns die Anmut stets entdeckt.

Die Liebe ist in uns beständig,
begleitet Menschen überall,
sie verändert nie ihr Wesen
und lässt im Tode erst uns los.

Glaube versetze Berge, heißt es,
doch stärker ist die Macht des Herzens,
wenn ein Blick Verheißung zeigt
und ein Liebesschwur die Offenbarung ist.

Es heißt, ‚Glaube' stehe für Seelenheil

und Religion sei ihr Rahmen,

doch niemand davon berichten kann,

weil Lebende nie das Jenseits schauten.

Dagegen ist die Liebe irdisch,

lebt allein im Hier und Jetzt,

sie ist spürbar und erlebbar,

Tag für Tag und Jahr für Jahr.

Die Macht der Liebe ist unendlich,

sie ließ schon Grenzen wanken

und vereinigte Getrennte

durch die Reinheit ihrer Herzen.

So Menschen huldigen den Göttern,

doch sie leben nach dem Herzen,

und so die ganzen Glaubenskriege

überdauerte nur ein Gott alleine: EROS!

***

Beständige Liebe

Dich, meine Auserwählte, lieb ich sehr,
trage dich freudig auf meinen Händen,
und beglückst du mich mit deinen Lenden,
liebt dich meine Seele danach noch mehr.

Wenn ich von der Arbeit abends heimkehr,
tust du dich meines Gemüts erbarmen,
küsst mich mit Lippen, den ach so warmen,
drum ist das Joch meines Tagwerks nicht schwer.

So vergeht rasch das Leben, Jahr um Jahr,
die Liebe zwischen uns wird nicht kleiner,
unsre Psychen tun sich daran laben.

Unsre Liebe immer aufrichtig war,
Herz und Seele waren niemals reiner,
so dass an Freude wir nicht tun darben.

***

Zeichen der Vergänglichkeit

Stolz zeigt sie alte Fotos von sich. Sie war eine wunderschöne Frau. Heute jedoch durchzieht eine Vielzahl von Falten ihre einst makellose Haut und zeichnet ihr Gesicht. Sie trägt die stummen Zeugen der hinter ihr liegenden Jahrzehnte mit stoischem Gleichmut.

Falten im Gesicht,
Zeichen des gelebten Seins.
Last und Zierde.

***

Mit ganzem Mut

Dein tief dekolletiertes Kleid

enthüllt mehr als es bedeckt,

es gibt meinen Augen Halt,

meiner Fantasie Nahrung.

Meine Gedanken schweifen,

darin ich dich verführe,

deinen Körper betrachte

und liebevoll ihn kose.

Doch schon bald wird daraus mehr,

so dass ich kann genießen

die Enge deines Leibes

und den lauten Lustgesang.

Jedoch das sind Gedanken,

die einen Wunschtraum dartun,

und ob er wahr kann werden,

zeigt mir der nächste Moment.

Mutig ich trete zu dir,
will guten Eindruck schinden,
es wird mit dem ersten Satz
mein Schicksal sich entscheiden.

***

Es ist Karneval,
vor des Bestatters Laden
fröhliches Treiben.

***

Eine Vampirfrau
will mich für alle Zeiten.
Es ist doch Fasching???

***

Fröhlicher Fasching,
auf der Straße wird getanzt.
Im Haus stirbt ein Mensch.

***

Einsames Herz

Einsam streif ich durch die Gassen,
vorbei ist's mit der Zweisamkeit,
mich die Liebste hat verlassen,
seitdem verstrich noch nicht viel Zeit.

Manchmal ich seh' sie in der Stadt
am Arm von einem andren Mann,
sogleich mein Blick wird starr und matt,
es ist, als treffe mich ihr Bann.

Gut sieht sie aus, munter und fein,
derweil mein Herz ein Stich trifft tief,
mit uns es hat nicht sollen sein,
es lief etwas gewaltig schief.

Weiter ich durchstreif die Gassen,
allein mit mir und meinem Schmerz,
meide alle Menschenmassen,
zerrissen ist mein armes Herz.
***

Herzweh 1

Du, Rose aus dem fernen Lande,
wie schnell bist du von mir entschwunden,
gebaut die Träume warn auf Sande,
nun sind es nur noch große Wunden.

***

Einsamkeit 2

Es zog mich in die große Stadt,
wo niemanden ich kannte,
ich hofft zu finden dort mein Glück,
doch Einsamkeit ward mir beschieden.

Wohin ich kam, es war egal,
gar niemand sich um mich tat scheren,
zu dem der vielen Lichter Glanz
hat höhnisch mich still ausgelacht.

Wehmütig dacht' ich an mein Dorf,
wo ich beengt mich hab gefühlt,
doch dort ich hatte viele Freunde,
mit denen ich doch glücklich war.

So ich lenkte meine Schritte
wieder meiner Heimat zu,
bei den Lieben, bei den Freunden
werd nie ich fühlen Einsamkeit.
***

Gedanken eines Flüchtlings

In der Deutschen schönem Land
leb ich geborgen und beschützt,
doch ist mir vieles unbekannt,
mein Erlerntes oft nichts nützt.

Von Ferne kam ich einst hierher,
geflohen vor dem blutig' Krieg,
der Fortgang fiel mir gar sehr schwer,
doch war es der Vernunft ihr Sieg.

Nun leb' ich schon seit Jahren hier,
doch die Heimat stets im Sinn,
drum sag' ich ,ihr' und nicht längst ,wir',
und geb' mich der Erinn'rung hin.

Ist hier, der Deutschen schönes Land,
geworden meine Heimat nun,
weil ich Schutz und Zuflucht fand
dank fremder Menschen Tun?

Denk ich an mein Land, das ferne,
so seh ich es als Heimstatt an,
und würde gar nur allzu gerne
zurückkehr'n, in die Heimat fahr'n.

Vielleicht ist ‚Heimat' ein Begriff,
das Kleinod unsres Lebens,
den das Leben wie Diamanten schliff
als Resultat des ständig Strebens?

Der Grundstoff wäre dann die Kindheit,
Heimat, wo der Eltern Haus einst stand,
dann folgt die Zeit der Lebensarbeit,
und Heimat wär, wo man die Arbeit fand.

Das alles klingt gar logisch rein,
tut als Weisheit man gar senden,
doch ist ‚Heimat' nicht, wo man in Liebe fein
dereinst als glücklich' Mensch wird enden?

‚Heimat' ist ein großes Wort,
zuviel man kann darinnen sehn,
mal nennt es meines Glückes Ort,
mal den Ort, wohin ich möchte gehn.

Vielleicht ist ‚Heimat' überall
und ich kann's nicht erkennen,
weil sie sich zeigt als Gedankenhall
und ich tu einem Ideal nachrennen?

***

Herzweh 2

Es wird im Herzen tief verwahrt
ein Traum, der einst wie Gold erstrahlt,
das Leben schlug dann zu gar hart
der Traum ist nun zu Eis erstarrt.

***

Spannung beim Fußball

Haiku-Trilogie

1

Gleichwertige Teams,
Chancen hüben und drüben,
doch es fällt kein Tor

2

Schon die Nachspielzeit,
unerträgliche Spannung.
Ein letzter Angriff...

3

Die Flanke senkt sich,
genau vor des Stürmers Fuß
- fällt die Entscheidung?

***

Winter 2: Trügerische Idylle

Hell leuchtet der Schnee im Wald
zwischen all den kahlen Bäumen,
bedeckt die Wege und die Pfade,
dass man den Weg nicht finde.

Unberührt erscheint die Fläche,
keine Spur zeichnet sich ab,
so leuchtet die ganze Fläche
jungfräulich, unverfälscht.

Doch lang wird es nicht dauern,
und Lebensspuren werden sichtbar,
denn auch die schönste Idylle
ist doch ein Ort des steten Kampfes.

Drum, o Wanderer, schau gut hin,
erfreu dich an der Reinheit,
gewähre deinem Auge Freud,
denn gar bald ist's damit vorbei.
***

Perpetuum Mobile
Haiku-Pentalogie

1
Die Erde dreht sich,
Gezeiten wechseln sich ab,
wieder und wieder.

2
Heiß brennt die Sonne,
überfüllte Schwimmbäder,
durstige Pflanzen.

3
Das Laub färbt sich rot,
die Luft wird merklich kühler
- König Herbst regiert.

4

Ganz eisige Luft,

Schnee, so weit das Auge reicht.

Im Wald herrscht Ruhe.

5

Knospen erscheinen,

der Frühling entfaltet sich,

das Leben regt sich.

***

Winter 3: Weißer Wald

Unter kalter weißer Masse
liegt begraben unser Wald,
doch durch der Sonne Strahlen
wirkt alles sittsam friedlich.

So rein wie des Gerechten Seele,
so leuchtet herüber der Wald,
die Bäume mit den weißen Mänteln
erscheinen all jungfräulich brav.

Doch wie schon bei den Menschen
täuscht leider oft der Schein,
und manches schön' Gebilde
ist innerlich verdorben.

Und doch genieße ich den Anblick
des winterweißen Waldes,
erfreue mich an Reinheit,
auch wenn sie trüg'risch ist.
***

Winter 4: Ein tapferer Zweig

Wie ein dünner Finger
ragt aus dem Schnee ein Zweig,
er zeigt mir an das Leben
sich regt an dieser Stell.

Halt nur durch, kleiner Zweig,
der Frühling kommt schon bald,
dann kannst du stolz erblühen
zu großer, herrlich' Pracht!

***

Die Veränderung der Welt

Die Wissenschaft ist für die Menschen wertvoll, doch hat sie zwei Seiten: Einerseits schafft sie Fortschritt, sie erleichtert uns das Arbeitsleben und sorgt im Alltag für Bequemlichkeit, steigert also unsere Lebensqualität. Andererseits ist der Preis dafür manchmal hoch: Die Wissenschaft liefert Ergebnisse, aus denen Produkte für einen Markt entwickelt werden, der diese Produkte oftmals nicht braucht. Für die Produktion benötigt man Rohstoffe, also werden diese gefördert, wo auch immer sie sein mögen. Es werden nicht selten rücksichtslos große Flächen ihres alten Anblicks und ihrer natürlichen Funktion beraubt, ohne dass die von Werbung benebelte Menge die Sinnhaftigkeit der Produkte hinterfragt. Es zählt in der Wirtschaft eben nur der Profit, der sich aus der Wissenschaft ziehen lässt. Damit verändern die Ergebnisse der Wissenschaft die Arbeitswelt und den Alltag von uns Menschen, aber zugleich auch das Antlitz der Erde. Letzteres ist nur (noch) nicht für jeden erlebbar.

Forschung ist Fortschritt,
verändert des Menschen Welt,
doch die Erde weint...

***

Wiederkehrendes Verlangen

Die Sonne endlich vom Himmel lacht,
die Blumen glänzen in ihrer Pracht,
was Menschen tut aus Häusern locken,
darin will niemand bleiben hocken.

Zum Stadtpark mich die Füße führen,
wo ich ein Glücksgefühl tue verspüren,
bis ich seh der Paare Kosen,
worauf mein Geist fängt an zu tosen.

Zurück ich denk an jenen Tag,
als dein Leib in meinem Arme lag,
auf dieser Bank, vor der ich stehe,
und fern von mir war jedes Wehe.

Doch leider ich konnt dich nicht halten,
das Schicksal tat dagegen walten,
und so ich dich verlor für immer,
verwaist in meinem Herz dein Zimmer.

Nach dir wächst heut nun mein Verlangen,

mein Herz vor Schmerz wird Schwarz verhangen,

und so zum Gehen ich mich wende,

als ob in Trance ich mich befände.

***

Sehnsucht eines Musikers

Vorbei der Auftritt unsrer Band,
es gilt zu packen ganz behänd,
danach zum Hotel geht die Fahrt,
zum Ausruhn, denn der Tag war hart.

Die großen Bands, die haben Spaß,
dazu das Geld im Übermaß,
jedoch sind wir noch unbekannt,
ganz unten am Einkommensrand.

Die Tour führt uns von Ort zu Ort
und immer sind wir ganz rasch fort,
der Tourenplan ist ja recht voll,
weil viele Gigs sind unser Soll.

Wie schön muss doch Familie sein,
doch mir fehlt schon die Freundin mein,
der Tourenplan ist hinderlich,
blockiert in Liebesdingen mich.

Wir ziehen stetig durch das Land,
voll Sehnsucht nach der Liebe Band,
doch suchen wir die Liebste nicht,
dafür uns fehlt die Zeit ganz schlicht.

Die stille Sehnsucht nagt und nagt,
doch niemand, der sich laut beklagt,
nur manchmal eine Träne fließt,
ganz heimlich man sie dann vergießt.

Die Tour wir setzen einsam fort,
das Herz als ein verschlossner Ort,
und wenn wir auf der Bühne sind,
schauspielern Freude wir geschwind.

Als Musiker hat man's nicht leicht,
weil das Private ständig weicht,
denn Kunstfiguren sind wir nur,
das ganze Jahr, nicht nur auf Tour.

***

Lampenfieber

Vor mir liegt der große Festsaal,
voll bis auf den letzten Stehplatz,
ich dagegen bin hier oben,
fühl im Rampenlicht gar klein mich.

Gleich mein Auftritt wird beginnen,
schon die Hände heftig zittern,
schlimmer noch die Beine wackeln
und mein Herz tut ganz wild rasen.

Lampenfieber hat erfasst mich,
beutelt mich vor jedem Auftritt,
niemals wird es von mir weichen,
was auch immer ich versuche.

Auf der Bühne nach Luft ringend
muss ich überstehn den Anfang,
meistens, nach ein paar Minuten,
wird das Lampenfieber weichen.
***

Das Ende der alten Eiche

Fest stand die Eiche
jahrhundertelang im Wald
als seine Zierde,
von Erwachsenen verehrt,
von Kindern bestaunt.
Dann kam eine dunkle Nacht,
jemand steckte sie in Brand…

***

Danksagung

Heimat Europa,

Hort der vielen Kulturen,

Friedensbewahrer

mit starken Volkswirtschaften,

Wohlstandskontinent

mit freien Gesellschaften,

dafür sage ich: Danke!

***

Erkenntnis 2

Im Fluss des Lebens
reift die Erkenntnis in uns,
enthüllt Geheimes,
hilft das Leben verstehen
ganz oder zum Teil,
doch reift die Frucht nicht offen,
sondern im Verborgenen.

***

Die Jahreszeiten im Leben

Im Frühling erwacht das neue Leben,
und des Menschen Leben eifert ihm nach,
denn auch ein neuer Mensch betritt die Welt,
ist zart, zerbrechlich und ganz unbedarft.

Es folgt der Sommer als neuer Zyklus,
der Mensch ist im Zenit seiner Kräfte,
es scheint, ihm könnte alles gelingen,
so dass er sich fühlt als Herrscher der Welt.

Viel zu schnell erscheint der Herbst des Lebens,
Stürme zehren an Kraft und Aussehen,
nicht nur in der Natur, auch am Menschen,
dem die Endlichkeit des Seins wird bewusst.

Dann ist er da, der Winter des Lebens,
zurückgezogen lebt das Menschenkind,
denkt gern zurück an die Jugendtage,
fürchtet sich vor der endlosen Kälte.

***

Im Nachbargarten
Reizwäsche auf der Leine.
Das Wildkraut ruft mich…

***

Trotz Unwissenheit
schlägt jedes Leben Wellen.
Rätselhaftes Sein.

***

Die Frau sieht gut aus,
ist ganz ohne Begleitung.
Ich teste mein Glück.

***

Das große Rätsel

Stetig nagt an uns der Zahn der Zeit,
streben wir zu unsrer Ewigkeit,
doch die Welt gibt auf ein Rätsel mir,
nach des Lebens Sinn fragt es allhier.

Sinnend such ich in der weiten Welt,
oftmals habe ich die Frag gestellt,
und die Lösung keiner hat gewusst,
da mir wurde plötzlich ganz bewusst:

Dieses Rätsel ist gar sehr verzwickt,
nie ein Mensch die Lösung hat erblickt,
und die Antwort der erst dann versteht,
der als Toter von der Erde geht.

***

Hartes Los

Ganz traurig sitzt der alte Kater
in einem kleinen Tierheimzimmer,
verstorben ist sein lieber Mensch,
ins Pflegeheim kam dessen Frau.

Er durfte nicht mit ihr dort leben;
der Sohn hätt' ihn vielleicht genommen,
doch ist ein Dackel da im Haus,
der Katerkrallen gar nicht mag.

So brachten sie ihn ins Asyl,
wo er nun wohnt und traurig ist.
Mit dreizehn Jahren gilt er schon als alt,
kein neuer Mensch, der ihn noch nimmt.

Die jungen Katzen nebenan
vermitteln sie unglaublich schnell.
Der Alte aber hofft vergebens.
Der Tod des Menschen traf ihn hart.

***

Foxi sieht herab

gewidmet unserer verstorbenen Katze Foxi

(nach einer Idee von Antje Spiller)

Foxi schaut zwischen den Pfoten

hernieder aus dem Reich der Toten,

möchte schauen ihr altes Reich,

sehe, ob alles ist noch gleich.

Sie sieht den alten Hausgenossen,

in den sie war nicht sehr verschossen,

der trotzdem ihr Beschützer war

vor der üblen Nachbarkaterschar.

Dann sieht sie Paula, die Neue,

doch ist das keine ängstlich Scheue,

sie prügelt die Kater windelweich,

die kommen in ihr Gartenreich.

Verändert hat sich sehr der Garten,
zu erkennen ist das Werk der Spaten,
im Rasen nun ein kleiner Teich,
in den zwei Frösche hüpfen also gleich.

Auf dem Teich in der Sonne heiß
strahlen Seerosen in Rot und Weiß,
sie sind der Burgfrau liebste Pracht,
bei deren Anblick stets ihr Herze lacht.

An der Vogelfutterstelle
Fliegt die nächste Piepmatzwelle,
um zu stopfen Körner in den Schlund
und zu werden kugelrund.

Dann sieht sie ihn, den Birnbaum,
der Kratzbaum war und Fluchtraum,
wenn die fiese Nachbarkaterschar
ihr wieder auf den Fersen war.

Foxi von der Wolke schaut sehr lang,

dann wischt sie weg der Rückkehr Drang,

sie legt sich katzengottergeben brav

danieder zu dem ew'gen Schlaf.

Ruhe sanft und in Frieden!

***

Shorts statt Minirock:
Frauen sind modebewusst.
Mode ändert sich.

***

Du kleine Hexe
hast mich mit Zauber umhüllt,
nun bin ich ganz dein…

***

In deinen Armen
schwebt meine Seele empor
ins Universum.

***

Die ‚Mistwiese'

Die liebste Wiese meiner Jugend
verdiente diesen Namen nicht,
ein Acker war's, kaum Gras wuchs drauf,
doch für uns Kinder war's ein Fußballplatz.

Dabei das Spiel nicht ungefährlich war,
denn Scherben aus Glas und kleine Steine
stets waren gefährlich für unsre Beine,
weshalb man von der ‚Mistwiese' sprach.

Doch focht all dies uns niemals an,
sie war das Spielfeld unsrer Freizeit,
solange, bis wir waren alt genug,
dass Mädchen wichtiger als Tore waren.

So spielten damals Jungen miteinander,
kannten sich von Angesicht zu Angesicht,
und hielten weiter den Kontakt
noch viele Jahre, manchmal bis heut.

Fast vierzig Jahr mein letztes Spiel ist her,
seitdem hat sich sehr viel verändert:
Auf der Wiese heut große Häuser stehn,
aus uns Jungen wurden gesetzte Herrn.

Wo Bälle flogen, wird jetzt gewohnt,
statt Kinderrufen herrscht nun Stille,
denn heute sitzen alle vor Computern
und Freunde gibt's nur digital.

So ändern sich Zeiten und Verhalten,
rasant dank Technik noch dazu,
drum fällt es unsren Kindern schwer,
die alten Geschichten zu verstehn.

***

Unverständliche Sprache

Durch das schöne Peiner Land
zieht der Fuhse nasses Band,
sie war scheinbar immer hier,
als ein Raum für Pflanz und Tier.

Durch das Bett sie fließt gar stur,
sieht dabei nicht nur Natur,
auch Geschichte sie erlebt,
zum Geschichtsbuch sich erhebt.

Leider ich versteh sie nicht,
da beschränkt ist meine Sicht,
Menschen war Natur oft fremd,
heut sind wir noch mehr gehemmt.

Würde ich den Fluss verstehn,
gäb' er preis, was er gesehn,
dann wäre das recht int'ressant,
steigen würd' der Wissensstand.

Aber ich versteh ihn nicht,
seh nur, wie die Welle bricht,
höre Murmeln im Flussbett,
als er quert historisch Stätt'.

So bewundre ich den Fluss,
doch empfinde ich Verdruss,
weil ich nicht geeignet bin,
zu verstehn des Murmelns Sinn.

***

Perfektionistin

Bald ist das Konzert,
die Geigenspielerin übt,
sie probt Tag und Nacht,
immer die gleichen Noten,
ihr Spiel ist recht gut,
doch sie will noch besser sein.
Ringsum erboste Nachbarn.

***

Gutmütiger Spiegel

Nach dem morgendlichen Duschen
ist der Spiegel ganz beschlagen,
er verbirgt diskret mein Antlitz,
will ersparen mir den Anblick.

***

Herzweh 3

Nun bricht an ein neues Jahr,
nichts ist, wie es einmal war:
Fort von mir mein Liebchen ist,
nun die Seele fühlt sich trist.

***

Liebe

Nackt wie Eva stehst du vor mir:

Ich streiche langsam durch dein Haar,

innerlich bebe ich vor Lust,

brenne vor Verlangen nach dir,

doch zuerst verschmelzen Lippen,

gehen Hände auf Wanderschaft.

Doch als dann das Vorspiel endet,

gibt es für uns kein Halten mehr,

wir geben uns der Liebe hin,

huldigen ihr die ganze Nacht.

***

Hoffen auf Beständigkeit

Mancher Mensch springt von Blüte zu Blüte,
weil seine Liebe schnell kann vergehen,
obschon Stetigkeit sie sollte haben.

Möge mich das Schicksal stets behüten,
dass ich wahre Liebe werde sehen
und mich kann an ihren Früchten laben.

***

Trauer und Hoffnung

Ich habe sehr an dir gehangen
Und wollte halten dich so gerne,
jedoch der Tod hat dich umfangen,
führte deinen Geist in die Ferne.

Ich blieb zurück, bin nun ganz allein,
leide im schmerzerfüllten Dasein,
nichts ist mehr, wie es mit dir einst war,
drum flieht mich die Freude, macht sich rar.

Nacht umwölkt bei mir Gemüt und Herz
als Folge von Verlust und dem Schmerz,
denn weil mich beides so plötzlich traf,
find ich keine Ruh und keinen Schlaf.

Während Gedanken um dich schweifen,
hoffe ich auf den Silberstreifen,
damit eines Tages kehrt zurück
zu mir noch mal ein solches Glück.
***

Pechschwarze Haare
umrahmen bloße Schultern
einer jungen Frau.

***

Tage der Sehnsucht
während deiner Dienstreise.
Trost durch dein Foto.

***

Tage der Trennung,
endlich ein Wiedersehen.
Innige Küsse.

***

Freud und Leid

Die Urlaubszeit ist für viele Menschen die schönste Zeit des Jahres, doch nicht überallhin dürfen sie ihre Haustiere mitnehmen. Also suchen manche Menschen nach ,Lösungen'. Während sie dann sorgenfrei die Zeit in nahen oder fernen Ländern genießen, suchen ausgesetzte Hunde verzweifelt ihr bisheriges Zuhause, kämpfen ,freigelassene' Katzen traurig um ihr Überleben.

Wieder Reisezeit!
Ausgesetzte Haustiere
irren durch das Land.

***

Unerwartete Erinnerung

Endlich Frühling! Die Sonne lacht vom Himmel und überall erblühen Blumen, Sträucher und Bäume in bunter Farbenpracht. Das Frühlingswetter lockt mich in der Mittagspause aus dem kleinen, engen Büro hinaus in den Stadtpark, wo sich bereits zahlreiche andere Menschen aufhalten. Gleich ihnen schlendere ich mit einem verzückten Lächeln auf den Wegen dahin und erfreue mich an der bunten Vielfalt des Parks.

Schließlich erreiche ich den Rosengarten, in dem eine ganze Reihe von Bänken die Rosenbeete säumen. Jede Bank ist besetzt, und sofort erkenne ich, dass sich auf jeder davon ein Paar niedergelassen hat. Ob jung oder alt, jedes Paar genießt den Frühling und den Partner. Unwillkürlich muss ich an die Blume Asiens denken, jenem zauberhaften Wesen, mit dem ich wenige Jahre zuvor ebenfalls hier gesessen und mich wie die Paare heute verhalten habe. Doch was einst begann, endete viel zu rasch.

Wie weggewischt ist meine frohe Stimmung, die Farbenpracht der Blüten verblasst vor meinen Augen und die Sonne verdunkelt sich gleich meinem Gemüt. Von Traurigkeit erfüllt mache ich kehrt und gehe zurück in mein kleines, enges Büro.

Voller Leidenschaft
verzehrt sich mein Herz nach dir,
selbst noch nach Jahren.

***

Gratwanderung

Schon seit dem Anbeginn der Zeit
Menschen stöhnen unter Arbeit,
und deshalb tun sehr viele Bregen
forschen, tüfteln zu unsrem Segen.

So dank der Menschen Geisteskraft
für Fortschritt sorgt die Wissenschaft,
nicht nur für die Menschen heute,
sondern auch für zukünft'ge Leute.

Doch ist der Wissenschaftler Regen
nicht immer für die Welt ein Segen,
denn Militär braucht viele Waffen,
und Wissenschaft tut sie erschaffen.

Dazu wird Forschung groß geschrieben,
Raketen, Sonden ins All getrieben,
uns zu senden Bilder und auch Daten,
für neue Forschung frische Saaten.

So das Ergebnis von der Wissenschaft
ist mit Gutem und Schlechtem eng behaft,
sie ist der Menschen Fluch und Segen,
worüber wir uns gern erregen.

Doch des Menschen Willenskraft
bislang hat die Balance geschafft,
einzusetzen oft das Gute,
das gibt Hoffnung, Zukunftsmute.

***

Ihr gehauchtes ‚Ja‘,
das wie ein lautes ‚Nein‘ schallt.
Ihr Freund hält inne.

***

Die Früchte der Saat
ernten fleißige Hände.
Dann folgt die Feier.

***

Pure Verlockung
spricht aus deinem Mund
wie einst bei Eva.

***

Schwanensee

Im Glanz der Sonne
gleiten Schwäne sanft dahin,
kreisen auf dem See,
darin spiegelt ihr Abbild,
das leicht gekräuselt
von einer sanften Brise,
diese Idylle umrahmt.

***

Leise bricht mein Herz,
als du das ‚Aus' verkündest,
meine Welt zerstörst.

***

Open-Air-Konzert:
Der Schall der Musik reicht weit,
vertreibt die Tiere.

***

Viel Kinderjauchzen,
gedämpft dringt es ins Zimmer,
wo wir uns lieben.

***

Limerick

Ein junger Mann aus Celle
rückt Mädchen auf die Pelle,
einer ist nicht bang,
fackelt auch nicht lang,
gibt seinem Maul 'ne Schelle.

***

Des Weinstocks verlorene Kinder

Stolz erheben sich die Reben,
streben hoch zum Sonnenlicht,
sie möchten, dass die Trauben leben,
alles weitre interessiert sie nicht.

Doch anders ist des Menschen Streben,
sie wollen trinken köstlich' Wein,
und mancher tut sein ganzes Leben
der Aufzucht seiner Reben weihn.

Und ist die Erntezeit gekommen
landen alle Trauben in der Kiepe
und der Weinstock ganz benommen
reagiert mit tonlosem Gefiepe.

Der Weinstock bleibt zurück voll Schmerzen,
er trauert nach den Trauben, seinen Kindern,
und wartet mit gebrochnem Herzen,
dass Zeitlauf tut sein Leiden lindern.

So neigt das Jahr zum Ende sich,
das Herz des Rebstocks tut vernarben,
die Menschen feiern königlich
und tun am Wein sich tüchtig laben.

Im neuen Jahr geht's wieder los,
im Weinstock neue Trauben sprießen,
und des Menschen Freud ist groß,
denn er sieht neuen Weinstrom fließen…

***

Segensreiche Masseurin

Still tat ich auf der Liege ruh'n,
wartend auf deiner Finger Tun,
weil mich das stets herrlich entspannt,
mir meines Alltags Müh verbannt.

Wunderschön der Finger Streicheln,
zärtlich, sanft, ganz ohnegleichen,
doch die Verspannungen sind fort,
nur Reste sind noch da und dort.

Doch sie sind das nicht mehr lange,
denn sogleich bist du zugange,
zerdrückst die Lager dieser Brut,
zum Schluss ich fühl mich richtig gut.

Von der Massage tief entspannt,
bin dann zur Arbeit ich gerannt,
das war ein Fehler, ich seh's ein,
und muss bald wieder bei dir sein.
***

Berührungen

Du bist mir so nah, dass ich mit jeder Faser meines Körpers dein Verlangen in seiner ganzen Intensität spüren kann. Deine Haut glänzt im Schein der Kerzen wie Bronze und lässt die Atmosphäre knistern. Während deine heißen Küsse meine Lippen benetzen, umrahmt dein langes schwarzes Haar meinen Körper. Ich lasse mich fallen, gebe mich ganz deiner Sinnlichkeit und deinen Zärtlichkeiten hin. Mein Geist beginnt zu fliegen...

Wildes Verlangen,
entfacht durch deine Nähe,
lässt den Geist fliegen.

***

Das Los der Wissenschaftler

Früher werkte man mit Kraft,
heut man mit Computern schafft,
doch ob damals oder heute,
Werkzeug nutzen alle Leute.

Heut die Menschen haben Freizeit,
auch viel Urlaub, dazu Gleitzeit,
nutzen sinnvoll Dinge oder Tand,
die Wissenschaft für sie erfand.

Ja, alles für der Arbeit Streben,
dazu noch für das Freizeitleben,
sind's Ergebnis von der Wissenschaft,
von andrer Leute Geisteskraft.

Die Forscher sind uns nicht bekannt,
zu keinem besteht ein Freundschaftsband,
wir nutzen ihre Arbeit gern,
doch sie selber sind uns fern.

Wissenschaft verändert alles Leben,

gestern, heut, gerade eben,

doch sagt dem Forscher niemand Dank,

hier liegt die Höflichkeit recht blank.

Das ist der vielen Forscher Los,

ihnen bleibt der Tatendrang bloß,

denn sie werden ohne Dank einst sterben

und dennoch uns viel' gute Sach' vererben.

***

Wolken 2: Erinnerung

Im grünen Grase lieg ich hier
und schaue in den Himmel,
dort seh' ich weiße Wolken zieh'n,
ganz friedlich und bedächtig.

Sie fliegen heut' von Ost nach West,
weil es der Wind so will,
sie sahen schon das ferne Land,
die Heimat meiner Ahnen.

Nun sind die weißen Wolken hier,
und schau'n die neue Heimat,
sie sehn herab, ich schau hinauf,
und bald sind sie vorüber.

Sie ziehen friedlich ihres Wegs,
getrieben von der sanften Brise,
doch Menschen haben's nicht so leicht
damals, heute und wohl morgen.

Krieg, Hunger, Angst und Schrecken

sind ein steter Grund zur Flucht,

zu verlassen Heimes Herde,

die Orte unsrer Kinderzeit.

Zurück bleibt alles Hab und Gut,

mir bleiben nur Gedanken,

Erinnerungen an den frühen Ort,

der einst die erste Heimat war.

Nun leb ich hier in diesem Land,

bin auch geworden heimisch,

und da zurück ich nicht mehr kann,

hab ich die zweite Heimat hier.

***

Ankerplatz im Meer des Lebens

Dein Leib ist meiner Augen Nahrung,
dein Wesen meiner Seele Balsam,
du bist das Beste meines Daseins,
der Ankerplatz im Meer des Lebens.

Wenn du dann freilässt deinen Eros
und dich mir hingibst voll wilder Lust,
dann wähne ich mich angekommen
am Ziele meines ganzen Sehnens.

Rasch vorüber ist all mein Zagen,
nichts lässt mich dann noch länger zaudern,
und voller Inbrunst ich entgelte
dir deine Liebe und die Treue.

Und sollte eines fernen Tages
der Tod der Liebe Band zerschneiden,
so flüster' auf dem Sterbebett ich:
„Ja, fürwahr, wir haben uns geliebt!"
***

Am Flussufer

Die schwarzhaarige Schönheit
sitzt am Ufer des Flusses,
versunken in Gedanken,
ganz entrückt von dieser Welt.

Ein Fuß ragt in das Wasser,
ganz entblößt von Strumpf und Schuh,
genießt das warme Wasser,
malt darin kleine Kreise.

Bemerkt hat mich die Schöne,
langsam wendet sich ihr Kopf,
schenkt mir ein warmes Lächeln
als einen freundlichen Gruß.

Ihr Blick zurück zum Fluss kehrt,
ihr Fuß malt weiter Kreise,
sie hofft auf Ungestörtheit,
drum gehe ich rasch weiter.

***

Das Blau deiner Augen

Ich schaue in deine Augen,

sehe darin ein helles Blau,

klar wie das von einem Bergsee,

nur sehr viel wärmer, nicht so kalt.

Dein Blick schlägt mich in seinen Bann,

hält meine Seele gefangen,

und so versinke ich im Blau

mit einem entflammten Herzen.

Nun stehe reglos ich so da,

kann mich nicht mehr konzentrieren,

bin gefangen von diesem Blau,

das deine Augen so betont.

Als du abwendest deinen Blick

bricht unser Augenkontakt ab,

sofort erlischt der Zauberbann,

doch verfolgt er mich noch lange.

Stets im Geist ich sehe vor mir
dieses Blau von deinen Augen,
ich werd niemals es vergessen
bis ins Grab ich werde sinken.

***

Frühlingsende

Der Frühling seinen Einzug hielt,
schnell war hinfort die weiße Pracht,
und weil er mit den Herzen spielt,
verblüffte uns der Liebe Macht.

Wir haben Tag und Nacht verbracht,
sind stets beisammen gewesen,
haben getanzt und viel gelacht,
unsre Herzen ausgelesen.

Doch dann der Alltag kam zurück,
die Arbeit forderte Tribut,
betrübte langsam unser Glück,
doch weiter glomm der Liebe Glut.

Meine Seele will zerspringen,
das Warten wird mir gar recht lang,
ich will endlich wieder singen
und hören deiner Stimme Klang.
***

Endlich das Ja-Wort,
heller Glockenklang ertönt.
Start in die Ehe.

***

Die Traubenlese
verspricht einen guten Wein.
Jubelnde Gourmets.

***

Einst ein Weizenfeld,
heute ein Neubaugebiet
- aber wer braucht das?

***

Am Feldrain

Nicht weit vom Dorfe ist ein Hain,
davor liegt eines Feldes Rain,
Sonnenbeschienen, nicht sehr breit,
dafür gar viele Meter weit.

So manche Blume blüht am Weg
und bildet einen breiten Steg,
der jedes Auge sehr erfreut,
wenn es den Seitenblick nicht scheut.

Es schreitet auf dem Weg entlang
ein Pärchen im gemächlich' Gang,
einander haltend an der Hand
als Zeichen ihrer Liebe Band.

Wie unter einem Zauberbann
verharren sie kurz dann und wann,
um sich zu geben einen Kuss,
für Liebende ist das ein Muss.

Das Wandeln auf des Feldrains Weg
ist nur ein kurzer Lebenssteg,
jedoch auch eine schöne Zeit
für jeden Mann mit seiner Maid.

Beschienen von der Sonne Glanz
erleben sie der Sinne Tanz,
genießen ihre Liebschaft sehr
gleich neben einem Blütenmeer.

***

Erinnerungen an ***

An einem langen, kalten Tag
war ich in stiller Einsamkeit,
gedachte der Vergangenheit
und dem, was in der Ferne lag.

Als ob gestern es gewesen,
kam manch Erinnerung zurück,
mal als Ganzes, mal als Bruchstück
konnte ich die Rückschau lesen.

Am Stadtrand durch den kleinen Wald
spazierte ich mit meinem Schwarm,
dabei wir gingen Arm in Arm,
doch machten wir auch manchen Halt.

Oft wir uns gaben einen Kuss,
waren in den Bann gezogen
durch des Amors Liebesbogen,
denn sicher fand ins Ziel sein Schuss.

So haben wir uns sehr erfreut,
der Liebe Lust angehangen,
haben Träume eingefangen
und manche Dinge nicht gescheut.

Nicht lange währte unser Glück,
im Leben gibt es Berg und Tal,
wodurch das Sein kann werden schal,
so unser Alltag kam zurück.

Ich erwachte aus meinem Traum,
fand fern von der Vergangenheit
mich wieder in der Einsamkeit,
saß lange sinnend hier im Raum.

***

Leidender Hund

Manch alter Mensch ist ganz allein,
sehnt sich nach einem guten Freund,
doch den zu finden ist recht schwer,
wenn man von Zipperlein geplagt.

Ist der Partner schon gegangen,
leben die Kinder fern von hier,
bleiben einem nur die Freunde,
doch deren Zahl sinkt viel zu schnell.

So kommen viele auf den Hund,
der ihnen wird vom Tier zum Freund,
den sie lieben und verhätscheln,
der es dankt mit seiner Treue.

Der alte Mensch hat einen Freund,
der Hund ein schönes Zuhause,
doch wenn der Mensch dann plötzlich stirbt,
bleibt ganz allein der Hund zurück.

Auch Tiere haben Gefühle,
und hängen an ihrem Menschen,
sie vertrieben die Einsamkeit
doch nun ist ihre Welt zerstört.

Der Hund wird rasch weitergereicht,
seine Gefühle kennt man nicht,
man will sie auch nicht erfahren,
und so trauert einsam der Hund.

Habt ihr ein Tier zum guten Freund,
dann sorgt vor, falls ihr von uns geht,
damit der Freund nach eurem Tod
versorgt ist und nicht leiden muss.

Er war euer ein und alles,
vertrieb euch eure Einsamkeit,
sorgt dafür, dass er im Alter
nicht selber einsam leiden muss!!!

***

Die Katastrophe von Japan

Der 11. März 2011 schien ein ganz normaler Tag zu werden, aber dann ereignete sich in der Weite des Pazifiks ein Naturereignis, dessen Auswirkung die Welt erstarren ließ. Begonnen hatte alles mit einem Erdbeben, das auf der nach oben offenen Richterskala den unglaublichen Wert von 9,0 erreichte. Im Anschluss an dieses gewaltige Beben kam es zu einem Tsunami, einer ungeheuren Flutwelle, die weite Teile des nordöstlichen Küstenabschnitts von Japan mit zerstörerischer Macht traf. Nichts konnte der Flutwelle widerstehen, Menschen, Häuser, Eisenbahnen – alles wurde niedergewalzt und mitgerissen. Auch das Atomkraftwerk in Fukushima wurde schwer getroffen, durch die Schäden kam es in mehreren Reaktoren zu Kernschmelzen. Nur dem übermenschlich anmutenden Einsatz der Mitarbeiter des Atommeilers sowie sehr viel Glück war es zu verdanken, dass eine vollständige Kernschmelze verhindert und das Ausmaß der atomaren Kata-

strophe in Grenzen gehalten werden konnte –
auch wenn diese ‚Grenze' weit jenseits dessen
liegt, was für Mensch und Natur unbedenklich ist.
Während die Mitarbeiter des Atomkraftwerkes
Fukushima I verzweifelt gegen den atomaren
GAU kämpften und die Menschen auf der ganzen
Welt die Meldungen über die Fortschritte und die
anfangs überwiegenden Rückschläge verfolgten,
entstanden die folgenden Haiku, die von mir als
Geste der Verbundenheit mit den betroffenen
Menschen verfasst worden sind:

Die Tiere fliehen,
die Erde bebt, die Flut kommt.
Oh, du armes Land!

***

Die Erde bebt stark,
die Flut kommt, spült viele fort.
Sei tapfer, Japan!

***

Tod und Zerstörung:
Die aufgehende Sonne
versinkt in Tränen.

***

Nachdem die unmittelbare Gefahr einer großen Kernschmelze gebannt war, traten im Laufe der folgenden Wochen in Europa mehr und mehr andere Themen in den Vordergrund des medialen Interesses. Die Folgen der Katastrophe, das Leid der Menschen von Fukushima und Umgebung und die noch immer bestehenden Gefahren für die Umwelt wurden nur noch selten und dann auch nur am Rande erwähnt. Im Juni 2011 entstanden daher die folgenden Zeilen:

Erdbeben und Flut:
Dort Alltag, hier vergessen,
kümmert es uns noch?

***

Das Kirschblütenfest
nach Beben und Tsunami
vermischt mit Tränen.

***

Japanisches Leid,
von uns sehr schnell vergessen.
Armselige Welt!

***

Zum Zeichen der Erinnerung sind ein Jahr später folgende Zeilen entstanden:

Frühlingserwachen.
Ein Jahr nach Fukushima:
Wer denkt noch an euch?

***

Sie trotzen allem:
Beben, Flut und GAU-Gefahr.
Helden ohne Angst.

***

Lange Zeit danach:
Erdbeben, Flut, Tsunami.
Wen kümmert es noch?

***

Erdbeben und Flut,

Mitleid mit Japans Menschen:

Haben wir es noch?

***

Vom gleichen Autor sind erschienen:

Elysische Impressionen, Ausgewählte Haiku.
ISBN 978-3-7392-6893-4

Sinnliche Holdseligkeit, Liebeslyrik in Form von Haiku.
ISBN 978-3-7412-7164-9

Ich grüße den Uhu, Fechsungen für die Sippungen der Schlaraffia.
ISBN 978-3-7412-9363-4

Es schnurrt die Samtpfote, Haiku über Katzen und Kater.
ISBN 978-3-7519-0730-9

In Vorbereitung:

Kirschblüten im Eichenwald, Haiku im Zeichen der vier Jahreszeiten.